JN440998

누군가
내 안의 문을 두드린다

양동률 시집

시와사람

누군가
내 안의 문을 두드린다

2025년 6월 25일 인쇄
2025년 6월 29일 발행

지은이 양동률

펴낸이 강경호 편집장 강나루 디자인 정찬애
펴낸곳 도서출판 시와사람
등록 1994년 6월 10일 제 05-01-0155호
주소 광주시 동구 양림로119번길 21-1(학동)
전화 (062)224-5319 E-mail jcapoet@hanmail.net

ISBN 978-89-5665-779-0 03810

값 12,000원

* 이 책은 전라남도, (재)전라남도문화재단의 후원을 받아 발간되었습니다.

이 도서의 국립중앙도서관 출판예정도서목록(CIP)은
서지정보유통지원시스템 홈페이지(http://seoji.nl.go.kr)와
국가자료종합목록 구축시스템(http://kolis-net.nl.go.kr)에서
이용하실 수 있습니다.

누군가
내 안의 문을 두드린다

■ 시인의 말

생각을 원고지 삼는
사람은 행복하다

가까운 미래를 향해
오늘도 걷는 나는

침묵 속에 갇혀있는
하얀 단어들을 색칠한다

무엇에도 묵묵부답이던
내 속의 또 다른
나를 깨우고 있다

2025년 6월
양동률

누군가 내 안의 문을 두드린다 / 차례

제1부

제2부

제3부

제4부

작품론

누군가

내 안의 문을 두드린다

제1부

雪花紙 같은 수평선 위에
해류의 손끝이 머문 지문으로
찰랑이는 파도 이랑,
푸른 당신을 각주 한다
-「푸른 당신을 각주 하다」 중에서

책탑

아득한
혼잣말이 세월을 넘나드는
도심 속 채석강을 걷는다

계림동 헌책방 거리의 간판들이
서로 비좁도록 기대고 서 있다

발걸음 뜸한 서점에 들어서면
촘촘하고 즐비하게 꽂힌
책들 사이 통로가 주상절리 같다

가만히 책을 들고 뒤적여보면
행간의 밑줄이 따스한 온기로 남아있다
오래전 손때 묻은 내용들이
탈색된 침묵을 감싸고 있다

빠듯한 공간에서 퇴적층을 헤치고
들려오는 심장박동 소리가
과거의 시간을 꺼내 놓는 듯하다

책은 책으로 포개지고 잇닿아 있지만
독백의 내용은 의미가 너무 크다

홀로 깊어지는 서해바다 고군산열도에서
갯바위 포말 속으로
흩어지는 환영이 켜켜이 쌓이고 있다

만귀정에서

끊임없이 말을 걸어오는 역사를
찬란하게 기술해 놓은 곳

물 위의 집
수중 누각의 팔작지붕 아래
진흙 속에 묻어 놓은
회한은 온데간데없다

연 잎사귀가 군락으로 펼쳐있는 풍광
소소한 행복조차 아무 거리낌이 없다

서창 들녘이 바라다보이는 습향각에 머물면
꽃대 위로 피어오르는 연꽃의 향이
영산강 줄기를 넘는다

여름날, 한 번쯤 이곳에 오면
빛 되어 사라지는 나비 떼처럼
발끝에서 사뿐사뿐 향기가 날아오른다

'들어서면 취하고 나올 때는 깨라'는

빗돌에 또렷이 새겨진 말

반짝이는 별을 불러 만귀정에 앉히면
살만한 세상과 동거가 시작한다

*만귀정: 광주시 서구 세하동에 있는 광주시 문화재자료 5호 누각.

블루베리 나무를 다듬으며

가윗날에 바람이 잘린다

블루베리 둥근 꿈, 푸른 나뭇가지에
봄을 키우는 연둣빛 소리

가위가 제비처럼 날렵한 길을 낸다

웃자라거나 불필요하게 도드라진 곳에
훑듯 가윗날이 지나
그 나머지는 햇볕이 마무리한다

가장 깊은 허공 속에서
볼품없던 나무가
가지런하고 맵시 있다

이루지 못한 꿈, 싱싱하게 펼쳐지며
과육부터 익어갈 블루베리

그 새콤함에 갇히도록 알알이 영그는
열매를 가만히 그려본다

찰랑이는 가위 소리가
블루베리 나뭇가지 사이에 머물고
우리의 삶의 길에 다시 피워내는 봄이 있다

생각을 세탁하다

일상의 노독 풀어내려고
입에 문 언어 뱉어내는 소리

살아간다는 것은 갈망의 연속일까

숱한 이야기들의 잔해
세탁기 거품처럼 부풀어 오르다가 가라앉는다

옷에 배인 소금기를 빼려고
헹굼과 탈수을 반복한다

현실과 타협한다는 것은
온갖 먼지를 다시 뒤집어쓰는 일이다

옷깃에 달라붙는 분진
때가 절은 물거품을 토해내어
말끔하게 얼룩들이 사라진다

거친 시간 눈부신 꽃으로 피우기 위해
일상이 빚어내는 젖은 티끌 지우개로 지우며

나 또한 생각을 산뜻하게 탈바꿈한다

김장배추

흙을 본향으로 살아온 가을배추
밭고랑에서 며칠째
주인을 기다리는 중이다

들판의 명화를 만들다가 이주한 후
되돌아갈 수 없는 상황 겹겹이 견디고 있다

먼 길 건너가는 중에도
서로의 안부가 궁금해지는 관계

서로 힘껏 포개며
살아가는 방법을 체득하는 중이다

사랑 뒤에 숨은 시절을 건너며
겉은 산만해도 속은 정갈하게
꼿꼿이 등 세우며 빛어가는 여정

푸른 살갗을 맞대고 자신을 형상화하는 과정처럼
안에서부터 포기가 영글어

모든 겉잎이 속잎을 위해
차마 표현할 수 없는 아름다움을 담고
허리춤에 끈을 동여맨다

거위 같은 노각

싱싱 식품 가게 진열대에
국산 확인 표식을 달고 있는 노각

오고 가는 사람들에게
눈 맞추려 애쓰고 있다

누런 살갗에 날렵하고 키 큰 몸매
살캉살캉한 꽃다운 나이 지나
원숙에 접어든 중년, 깊이를 더하여

사내 팔뚝만 한 몸짓으로 서 있다
사각사각한 식탐을 부추긴다

갖가지 양념 버무려
군침 넘쳐날 듯한 새콤한 식욕이
돌아서려는 마음 끌어당긴다

골목의 저물녘
거위가 날개를 퍼덕이는 잔디 위에
골프공이 포물선을 그어가듯

식탁 위로 날아오르는
저 거위 같은 노각

싱싱 가게에 늙은 오이가
경적을 울리며 팽팽하게 주름을 펴고 있다

소쇄원을 읽다

계류를 끼고 오솔길을 걸어
오곡문 앞에 이르면
고요를 깨는 소슬함에 오싹 귀가 밝아진다

열었다 접었다 하는 마음은
광풍각 문풍지 소리에
산중 별서인 선계가 펼쳐진다

나뭇가지에 앉은 새소리를 따라가다가
암반이 만들어 놓은 물줄기에
온통 마음을 빼앗긴다

빠져나갔다 다시 모이는
대숲에 바람이 불고
사운 대는 댓잎의 장단에 맞춰
時視詩 시를 읊는다

고적한 저녁을 담고 있는 달이
제월당에 지난날의 속내를 조영 한다

먼지의 방식

부유하는 것들이
바람 타고 흘러내린다

한 줄기 빛에
보이지 않았던 것들이 드러나고

무용수가 건너뛰는 스텝 사이로
호흡이 파동치고 있다
펄럭이는 드레스에
빛이 이동하는 낯선 변화

흔적 없이 사라진 먼지들처럼
씻기지 못하는 슬픔으로
떠도는 집을 짓는다

드러낼 자신이 없어
날개 없이 떠다니다 기울어진 균형

살며시 포개지는 저 고요
침묵이 무겁다

수상한 언텍트

맑은 바람에 뭉게구름 피었다가
검은 구름 조각으로 흩어진 날

하루치의 모습을 가린 얼굴로
맞이하는 기다림이 시공의 공간이다

열린 시간을 걸어가는 사람들이
거리마다 묵언의 마스크를 하고 있다

지하철과 버스 승강장에 서서
예정된 시간표를 바라보는 사람들
정해진 노선으로 뿔뿔이 흩어진다

사방 어디서나 언텍트
안내 문자가 반복적으로 폰에 도착한다

거리두기를 독려하는 안전 문자로
소식의 단절을 부추기는 수상한 계절

생각은 주머니 속에 호두알처럼

서로 간의 거리를 확보한다

건너뛴 일상을 끌어당겨 보는 하루
그리움이 커지는 만남이 등 뒤에 있다

누군가 내 안의 문을 두드린다

물끄러미 천정을 바라본다
한가위 이른 아침

아무 흠도 없는 작은 별들이
성성하게 자라는 시간이다

동네 한 바퀴를 돌아오다
앞산의 그네와 강강술래 소리가
문밖 멀리 풍경처럼 서 있다

어머니와 빚는 송편이
가마솥 솔잎 위에서 익어가고
마루에서는 아버지의 기침 소리

늘 윤기 나던 복된 한가위였다

나만의 그리움을 가만히 꺼내서
이른 아침 홀로 쳐다보다가
인기척이 들리는 창문을 열어보는 순간

문밖에서 누군가 내 안의. 문을 두드린다

형체 없이 사라지는 형상들
한가위 아침에 부재중인 안부를 묻는다

푸른 당신을 각주 하다

바람은 때때로 유려하여
봄볕에 철선을 타고 섬을 섭렵한다

서남해 해안선 자락
포구 마을이 임자면 목섬선착장에서 건너다 보이는
울긋불긋 한 재원리 마을 지붕에는
섬집아기 동요가 읊조려지는 곳이다

바다가 물이랑 만드는 해변 겨드랑에 달고
일주도로에 만발한 개망초꽃
발등에 알알이 새긴 유정한 섬 그늘에

바닷가 바지랑대에는 가오리와 민어 조기가
바다의 그리움을 말리는 정오
방파제 끝자락과 재원항에 정각亭閣이 마주하고
물기 젖은 해변의 모래사장에는
수많은 파도가 손 내밀며 다가온다
계선주 같은 재원도에 예미해변* 메어 놓았는지
상큼한 야생의 향기 채색하는 해안가

설화지雪花紙 같은 수평선 위에
해류의 손끝이 머문 지문으로
찰랑이는 파도이랑,
푸른 당신을 각주 한다

*신안군 임자면 재원도에 있는 해수욕장.

목련꽃그늘 아래

나뭇가지 끝으로
꽃봉오리 벙글고 있다
지나가는 바람이
흰 그늘 흔들며 말 걸어온다

고향집 정취를 쓸어안고
두 손 모은 듯한
솜털 같은 꽃자루에
저 일란성 꽃봉오리들

누이 같은 웃음 머금고
해종일 허공 가득 피어나고 있다

하늘을 올려다보는 그리움이
바람 불어 꽃잎마저 날아가면

어찌하나 가슴 조이며
아득이 밀려드는 저 하얀 독백 아래

이 봄 마구 사르는 향기만
넓은 뜰에 가득하다

미완의 수평선

빛이 기울고
해조음이 퍼지는 자리에 있다

물골마다
물결의 다른 색조가 생겨난다

파도는 물마루를 스치고
부풀리고, 돌아서 밀려 나가도
황홀한 도취에 만족한다

골똘한 생이
기웃거리는 경계선마다
거기 어두운 곳에서
가끔 수평을 잃는 수평선이 된다

물방울이 눕는다

젖은 바람이 휘는
우기의 어느 날에
삶의 무게를 내려놓는 썰물

깃털 털며 날아가는 갈매기 떼 바라보며
멀리서 밀려오는
세찬 물살 소리를 듣는다

수면을 들쳐 보는 기포
미완의 수평선이 포물선을 그린다

수신하는 해조음

밀물과 썰물의 수심 차이를
극복하려는 해안선과 마주한다

물 끝이 만들어 놓은
조금나루* 방파제에 앉아
소주병에 남기고 간 회한과 푸념을 생각한다

해변은 육화되는 바다의 언어가 있다

조금潮今과 사리의 시차 사이
깃을 세우는 갈매기처럼 계선주에 메어 놓은
나루터의 꿈이 푸르다

바람의 힘줄 팽팽하게 견디며
어떤 풍파에도 버틸 수 있는 그는

일탈을 꿈꾸던 생각들이
더 아플 것 같아

끊임없이 들려오는 해조음을 수신하며

그칠 줄 모르는 서체 물 위에 그려 놓는다

*무안군 망운면 송현리 유원지.

돌의 힘

알몸으로 살아가는 생이다

관청바위* 능선을 따라 즐비한 돌

뼛속까지 올곧은 역사처럼
거석문화가 견고하다

구름도 비켜선 자리에
살아서 남은 표정들은 말이 없다

시간은 미래에서 온 듯
몸이 자꾸 들썩이는데

세월이 범람하는 저 돌무지에
사라지지 않는
시대적 안부, 꿋꿋하게 서 있다

*화순 고인돌군에 있는 고인돌 이름.

제2부

두려움 앞에서도 뜻과 힘을 모으면
이루지 못할 것이 없다던
장군의 결기가 보인다
-「울돌목」 중에서

굴러야 꽃피는 생

아파트 자전거 주차장은
구르지 않는 그림자를 키운다

자물쇠에 물린 구부정한 등뼈와
단단한 고정대에 붙잡힌 바퀴가 있다

한쪽으로만 굴러가더니
점점 녹슬어 가는 모퉁이의 삶이
햇살 기웃대는 오후로 있다

졸음에 취한 모습 적막한데
킁킁거리던 강아지가
뒷발을 들고 뜨겁게 수묵화를 그린다

안장에 엉덩이 밀착하고
시린 핸들 내어주던 자전거 한 대

거리를 헤쳐가며 달려온 날들의
여백조차 빛바래 있다

페달을 힘껏 밟아야 꽃피는 일생
숨 가쁘게 끝까지 달려보고 싶다

도곡 지강로의 길

들어서거나 나가는 방향으로
나 있는 것 같은 도곡 지강로의 길

적당히 한적해서
짬을 유지하는 사람들은
하루에도 몇 번씩 그 안에 들어있는
잊을 수 없는 누군가를 생각해 볼 것이다

닫히거나 열어져야만 할
가슴속의 눈과 시든 귀

슬프다는 감정조차 없이
낡은 장롱에서 마음의 새 옷을 꺼내 입고
순정의 마음을 열어둔다

오늘도 우체국에 와서 싱그러운 향이 서린 햇딸기를
투명한 상자에 담아
그리운 사람들에게 보낸다

저마다의 생때같은 비닐하우스에서

기쁜 알곡만을 차곡차곡 담아

빨간 택배차에 실어 보낸다

시간이라는 당신

끝도 소실점도 없는 당신

산과 온 들판의 가슴에
알록달록한 무늬 새기고
휘파람 불며 잘도 간다

빛과 어둠 속에 익어가는
크로노스 시간이
붉은 대추 알 같이 익어 가고

운세만큼 어긋난 길에서도
카이로스 시간은
생의 맥박을 뛰게 한다

존재의 자각을 깨우며
눈부시게 살아내는 힘이
연연하게 초침과 함께 흐른다

루미나리에

어둠을 뚫고 피어 있는
수만 송이의 차꽃이 찬란하다

상징이 꼬마 LED로 연출되고
봇재* 건물 외벽에는
희망의 영상이 반짝인다

에어돔 하우스와 전망대의 야경

녹차와 연분을 맺으려는 듯이
마법의 순간을 거닐고 있는 저녁이다

앙금 같은 속박에서 풀리는
내 칙칙하고 어두운 생각들

시간이 깊어 갈수록 다향茶香은
루미나리에 겨울 왕국을 수놓고 있다

*보성군에 있는 고개 지명.

어머니의 손맛

봄날 도곡 불문사에 다녀오던 길
세량리 당산나무 앞에
된장, 간장, 고추장, 청국장이
달큰한 얼굴로 시선이 깊다

미각의 상징이 구수하게 다가온다
토속적인 손맛에
머리 하얀 어머니는
누이의 미소를 띄워 담그셨다

무의탁 구름 같은 어머니를 뒤로하고
돌아가는 칠구재 터널의
오후가 회화나무 사이로 있다

토속 장에 구수한 손맛이
익어 갈수록
불문사의 길은 더욱 그리울 것이다

바람과 시간의 기억

안녕이라는 말이 구슬 같다

나뭇가지 위에 새가
깃털 쪼으며 앉아 있다

터를 잡아 살고 있는 그는
한 곳에 뿌리내려
홀로 이주할 수 없는 키 큰 유전자
오래된 종족의 이력이다

떠도는 바람 나뭇가지 흔들어
말없이 둥지 밖으로
훌쩍 날아가버린 따뜻한 빈자리

빛과 그늘이 떨어지는 숲에
유목민처럼 떠날 수 없는 종족
온기 사라진 시간 깊고 멀다

바람이 삼킨 기억의 물방울이
자작나무* 잎에 반짝이고 있다

*꽃이 붉은색 노란색이 있으며 꽃말은 –당신을 기다립니다–

유년의 샘터

걸어왔던 길에는 잊힌 일이 살고 있는지
고백하지 못한 말 휘파람으로 한다

가끔씩 소실점 밖에 떠도는
기억들이 상념의 고랑을 만드는 곳

쟁반 같은 지형 설정雪程재가
앞산 깨끼재와 마주하며 다가온다
황토밭 언덕이 동쪽에 떠 있고
서당골 손 잡은 장밭재가
까치발로 환히 보이는 만길 안길 84번지
고향 집에는

덜커덩거리는 비포장 길의 분진
여름날 우물가 등물이
찰랑이며 심장까지 쓸어내리던
기억 켜켜이 살고 있는 샘터가 민낯으로 있다

어둑어둑해지는 시간
–어서 들어오라는- 목소리

아련한 우물가에는
뿌리 깊이 박힌 빨랫돌이 맷돌과 절구통과
나란히 걸어가고 있는 터

유년의 과거가 있는 옛집은
봉인된 추억이 홀로 살고 있다

스파이더플랜트*

거실 의자에 앉아 우연히 마주쳤다

장식장 위에
눈길 확 끌어당기는 저 투명한
플라스틱 커피잔에 스파이더플랜트*

환경에 구애받지 않고 메마른 곳에서도
팔 걷고 푸른 길을 만들어가는 씨족인가

잎과 잎 사이에
둥글게 펼쳐가는 마디에 맺힌 꽃이
나비 떼로 춤추는 이국의 풍경이다

아름다운 것들이 지나가고
탈자로 떠나간 것들이
급류로 그리워지는 도심의 저녁

메마른 경계의 언덕 플라스틱 집에
날고 싶은 생명수 가득 부었다

가만히 펼쳐보는 느낌표의 밤
띄엄띄엄 밝혀져 있는 아파트 불빛 속에
반짝이는 눈부신 시간이다

척박한 이국의 땅에
소용돌이 팔 걷고 헤쳐가는 푸른 당신은
따뜻한 세상 아름다운 유상으로 있다

*원산지 아프리카 백합과 화초 이름.

백운동 서원*에서

맑은 숲을 헤치며 걸어간다

고요가 돌담처럼 쌓여 있는 언덕
빈 정각이 있는 정원에는
유상곡수가 흐르는 연못이 있다

월출산을 마주 보는 정선대가
다산 선생과 초유 선사가 구름 속에 가물거리는 등선

동백나무 숲이 만들어 놓은 그늘에
도랑 건너 외딴 고택은
어서 오라, 나를 마중한다

살포시 내민 발걸음과 잡은 문고리
덜커덩 소리에 가슴이 철렁하다

동백꽃 같은 붉은 입술 알룩달룩
세파에 부딪치며 피는 것이 삶이던가

하르르 처마 끝으로 피어나는 바람

음양이 교차하듯이 묻어둔 사연 꺼내 본다

*강진군 성전면 월하리에 있는 백운동 서원으로 소쇄원 세연정 호남 3대 개인 정원 중 하나.

통도사에서

고요마저 해탈하는 통도사

산의 형세가 인도의 영축산을 닮아
통도사가 된 유서 깊은 사찰이다

보고 듣고 물으며 일주문 넘어
산사 거닐고 있는 낯선 소요逍遙

불상이 없는 통도사의
대웅전 돌아 구룡지의 수초와 물고기 바라보다
윤기 나는 결 따라 걷는다

영산전 풍경 묻고 걸어가다가
열반에 든 장독대의 침묵 읽고
발걸음을 멈춘다

저 즐비한 입 다문 항아리의 뚜껑
열었다 닫았다 하는 자연의 수행인가
둥근 경문의 설법으로 있다

영산전이 말없이 손잡고 가는
고요하고 엄숙한 장독대의 묵상

중후하고 투박한 사물의 설법에
화엄을 탐독한다

울돌목

진도대교에 진입하면
이순신 장군의 동상이 우뚝 서 있다

거친 물줄기가
끊임없이 솟구치고 휘몰아치는 곳에
금방이라도 들려올 것 같은

지축 울리는 북소리와
우렁찬 호령소리가 들리는 듯하고

두려움 앞에서도 뜻과 힘을 모으면
이루지 못할 것이 없다던
장군의 결기가 보인다

섬과 섬의 고도孤島에
혁혁한 승전의 기쁨이 있는
명량대첩의 찬란한 역사

계량할 수 없는 아픔과 울음이
커다란 물살이 되어 진도를 휘감고 있다

세방낙조

서남단 수면 위에
방점 찍는 하루가 꽃피고 있다

시간에 자수 놓아
단풍으로 물들어가는 바다에서

동석산을 돌아보는 세방낙조
멀리 있는 것은 더 그리워하는가

숨죽인 틈사이에
날숨으로 달려가는 수평선 노을

깊은 바다의 속살조차
찬란하게 치환하고 있다

고요해지는 마음의 무상
모자람도 넘침도 없이

눈부신 생명의 시간
치유해 주는 노을이고 싶다

서화나무 숲

구름이 방문객으로 당도하는 첨찰산 기슭

나무 그늘이 살랑이는 물이랑에
수묵화가 살고
산실 벽에 걸린 화풍이
전시 공간마다 새롭다

붓끝에서 탄생한 묵향

서화書畫나무가 살고 있는 산기슭
꼭 한 번은 찾아가 봐야 하는
서화나무 숲을 걷다 보면 따뜻해지는 세상

예향을 알고 채워가는 마루마다
진도아리랑에 속살 눈부신 생명이 있다

궁녀둠벙

바람의 옛길 진도에는
삼별초군이 지나간 창포길이 있다
별빛에 길을 물어
만길晩吉 고갯길을 넘다가
포강에 박꽃처럼 떨구어진 꽃잎의 흉터
엄혹한 격랑의 역사에
절의를 지킨 연모의 꿈자리로 남았는가
천 년 동안 그래로인 궁녀둠벙
어떤 외세에도 끄떡없다
꺾인 물살이 멈춘 궁녀둠벙에
전설 같은 바위를 돌아 나오며
삼별초군의 발자취를 읽는다
나비 옷 입고 몸을 던진 애환
굽이치는 물줄기 따라, 아린 꽃자리에
사계절 유영하는 고결한 향기
세월이 늙어서 더 빛나는 슬픔이
조용하게 관류하고 있다

에스프레소 바에서

수많은 세월 이국땅에서
살아가던 당신과 마주한다

앙증스러운 데미타세잔을 보며
음미할수록 쌓이는 미향
예민한 혀끝으로 롤링하면
달달함을 넘어 부드러움에 압도당한다

조용히 꺼내 보고 싶은
쓰디쓰고 고소한 맛

정제한 맛의 변곡점을 빠르게 넘어가는
강렬한 스트라파자토
달콤한 피에노
부드러운 오네르소를 체감한다

커피나무 그늘 에스프레소* 바에 앉아
침묵의 사원 같은 향기
고백하지 못한 물빛 이야기와 마주한다

*에스프레소:고온 고압에서 30초 이내 추출하는 커피 원액.
*데미타세:프랑스어로 반(demi)의 뜻과 잔이라(tass)는 뜻의 합성어.

제3부

물방울 같은 동백꽃이
피었다지는 사이
긴 밤이 느리게 지나갔다
-「그 집의 달빛」 중에서

귀소

바람이 봄볕을 흔드는 날

진도읍에 도착해 왕 고갯길 넘어
운림산방 입구 끼고 서해랑 길 달린다

저수지 손잡은 영산마루 언덕
건너편 산등성이에는
백구 한 마리가 날렵하게 서있다

길 위에는 누구나 고립무원은 있는지

전설처럼 돌아온 진돗개가
할머니와 손녀 못 잊어
몽환의 여정 담고 대전에서 진도까지
돌아온 백구白狗

-어쩌것냐 어른이 되는 것은 쉬운 일이 아니여
사람이나 너나
나이가 들면 모두 떨어져 사는 것이랑께-

돌아온 백구테마센타 기념관*을 지나는 길
귀소의 생각 읊조리다, 만길재 넘는 날은
호롱불 들고 계시던 아버지가 떠오른다

어둠이 물들고 햇빛이 시들어도
이 길은
언제나 온기 넘치는 신작로다

*진도군 의신면 돈지리에 있음.

회화나무

이내 가버린 날들이 허전하다

화사하게 피어나는 꽃잎
등 뒤로 부는 따듯한 바람에
소식 없는 인연이 생각난다

종잡지 못한 마음의 갈피마다
외로움의 내성이 자라고
파편화된 존재들이 봄으로 깨어난다

먼 데 눈을 둔 채
꽃 이야기 나누고 있는데
꽃길에 수놓는 약속들이 송이송이 맺힌다
잔잔하게 비워두고 살아온
그 시절이 애틋하게 그리워지는 시간

올려다보는 당신의 목덜미

돌아보면 고요해지는
눈부신 시간으로 있다

내 호흡의 결

숨결이 머문 곳에 용품을 정리한다

얼룩진 철제 침대 위에
용품과 휠체어와 의자가
온기 없는 빈방에 있다.

구름 밖으로 떠도는 사물들

생명의 눈부신 시간을
만져보면 누구나
슬픔을 먹고사는 이별이
안갯속에 살고 있는지

내 안에 가물거리는
하얀 머리와 등 굽은 실루엣 따라가다
현관에 가지런히 놓여 있는
하얀 고무신을
물끄러미 바라본다

호흡의 결
어머니의 신발을 거둔다

명두산* 마루에는

외진 언덕에 올라
산 그림자를 바라본다

하늬바람이 나뭇가지 흔드는
가물거리는 적막한 서화

어깨 위에 머물다 가는
유영하는 다듬이질 소리가
달빛 앞세우고 가는가

베틀에 달그락거리는 바디 소리
끌신에 한 올씩 건너가는 골마다
달 안을 걸어가는 결로 있다

고요한 산마루에
둥근 집의 가나다라 언어

비문에 숨어 있는
먹먹한 침묵은 어디까지 있는지

발끝에 그림자가 너무 길다

*진도군 의신면 활곡리 5번지.

석공의 눈빛

돌담이 콘크리트 블록에 밀려
잊혀 가는 만길리 1081-1 번지에
담장돌이 다시 모였다

옛 것이 후경으로 직립하는 봄날
이리저리 흩어져 떠돌던 무리들이
예리한 석공의 눈빛과 손 끝에
반짝이는 시간이다

해남 대흥사 줄기와 상왕산*과 삼당산*의
돌담 유전자를 가지고 있는 돌멩이들
서로가 나란히 기대며 돌담 집을 짓는다

혈통을 이어가는 무리들의 자태처럼
손깍지 끼어가듯 담장돌이 꽃무늬가 된다
제자리 찾아가는
자태가 다채롭고 찬란하다

형태가 크거나 작거나 모나도 둥글게
한 곳에 손잡고 가는

운집한 군중 같은 담장돌의 무리

마주 보거나 껴안고
기대며 받치고 함께 가는 모습
햇살에 반짝이는 동거를 시작한다

순간이 석공의 눈빛에 반짝인다

*완도읍 장좌리 산 16-289(상왕산 자락).
*진도군 지산면 백연리 언덕.

나비의 방

끝없는 창공
접었다가 펼쳐가는 날개가
곡선을 만든다

보이지 않는 가상공간의 당신은
맨발로 넘나드는 흰나비 떼

마법 같은 밀실의 집에
눈부신 시간마다
다채롭게 감정이 오고 간다

아무 흠도 없는 작은 별들이
성성하게 자라나는 내 안의 언어

계절을 넘나드는 핸드폰은
보이지 않는 우화의 집이다

두레박의 서정

마을 옛 우물*을 지나다가
떠나간 날들이 총총히 걸어 나온다
일백 가구 넘게 살던 고향 마을에
맑게 빚어내는 유일한 생명수터다
윤기 나는 두어 평 남짓 되는 바위틈에
솟아오르는 물줄기는 신기한 반란이었다
햇살이 쏟아지는 여름
흙 가슴 내놓고 호방하게
산과 들판을 건널 수 있는 것과
햇빛이 시들어도 쩌렁쩌렁한 여름밤
스스럼없이 갈증 해소하는
유일한 당신이었다
물 긷는 두레박 소리와
맑은 물방울이 반짝이던 우물가
가뭄을 걱정하거나 시집간 딸의 이야기에
수다방처럼 왁자지껄한 샘터가
온기 밖에 떠돌고 있다
두레박에 빚어 놓은 물그림자
돌아갈 수 없는 애틋한 서정으로 있다

*진도군 의신면 만길리 1718-15.

지구본을 바라보다

한쪽으로 기울어진 지구 축은
서로 존재를 확인하며 숨바꼭질을 한다

이 땅 위에 꽃은 피고 지고
자전과 공전이 맞물린 기울기를 깨운다

양극을 물고 궤도를 회전하는데
한 뼘도 다가설 수 없는 원점의 거리
손끝으로 간격을 지우며 유랑을 한다

어쩌다 한 번쯤 행복한 꿈을 꾸며
아무도 모르는 곳에 머무르고 싶은 순간

원심력에서 그만 이탈하고 싶은 생각이 든다

중심이 삐딱한 지구본을 돌리면
극지점에서부터 어둠이 달려온다

먹감처럼 쪽물 들어가는 시절에
지구 양극에 자라고 있는

시간과 계절의 씨줄과 날줄

사람이 꼭꼭 숨을 때까지
술래는 무궁화꽃이 피었습니다, 를 반복한다

사북 자리에서

바람은 구름을 앞세워
세상을 떠돈다

굴곡진 자리에
낮달이 앉아 쉬는 곳

안타까운 눈빛 하나
결국 남기지 못하고
뒷걸음치는 부채꼴의 사북 자리

살갗이 따가운 그리움 속에는
진정 무엇이 들어있을까

습습한 기억으로 휑한 가슴
비우고 채우는 것들이
몸속에 무수히 떠돌아

투명함이 현기증을 부르기도 한다

잊히는 지나간 날들이
앵글 속에 돌아오는 얼굴로 있다

우상향 곡선

간밤에 수신한 메시지
농부가 밭 갈 듯 읽는다

빛이 뒤바뀌는 공간
소곤거리는 돌담처럼 서로 손잡고 가는
우상향 곡선으로 정독한다

걷다 보면 들쑥날쑥한 돌부리에
채이기도 하며 떠돌기도 하는 나날들

— 사는 게 웃는 것이고
웃는 게 사는 거라고 —

터널에서는
빛으로 조금씩 더 가까이
발걸음을 멈치지 않는 것이라며

읊조리다 날이 밝았다

물방울 동백꽃

진도읍에서 운림산방으로 가는
왕 고갯길 넘어
논수골*마을 진입하는 사이에
기울지 않는 낮달이 있다

천년의 발자취 쓸어 안고
전해오는 둥근 집
달이 머물고 있는 언덕을 오른다

석등과 동백숲이 우거진
돌계단 길 따라
산기슭에 꽃송아리 피고 지는
길섶의 붉은 자리에

삼별초의 부음
아득히 전해오는 왕의 어명 앞에
애환의 숲 경배하는 날은

물방울 같은 동백꽃이
피었다 지는 사이

긴 밤이 느리게 지나갔다

*왕이 머물렀다고 하여 일명 둔수골이라고도 한다.

서정의 이주移住

혁신타워 건물 옥상에 살아가는
쉼터의 정각은 숲의 후예다
어깨를 나란히 한 사각지붕 아래
융성한 그늘이 펼쳐가는
인적 없는 향기의 집
찬란한 햇살이고 싶은 그는
입영하는 장정처럼
이주移住하는 시간으로 서 있다
목수는 물기 마른 기둥 사이에
물음표 들고 건강검진 차트 넘기는
모습으로 간혹 정독을 한다
바람만 스쳐 가는 타워 마루에
오랜 울음 묵묵히 매만지는 시간
외로움이 그리움으로 자라나는
뿌리 깊은 숲의 유전자는
서정의 꿈 이주하는 설렘으로 있다

애플수박과 아치 대문

텃밭으로 가는 아치 대문에는
초록 잎새 수박 덩굴이
창공을 향해 올라가는 중이다

수직으로 디딤돌 없이
한 걸음도 나갈 수 없는 그는
가을 장미가 피어 가는
아침을 선망하는지

지향점을 향하여
소살소살 피어가는 덩굴이
거친 바람 밀어내며 아치대 붙잡고
한걸음 한걸음 올라가는 중이다

옷소매 걷어 올린 애플수박덩굴이
척박한 허공 향해
메마른 땅심 끌어모으며
아치대 손잡고 높이 높이 걸아가고 있다

저 붉은 둥근 씨앗
등 내민 아치대 껴안고 창공을 오르고 있다

돌멩이들이 축제를 한다

동행을 시작하기로 했다

크고 작은 돌들이
만길리 만길 안길 84의
마당에 모였다

대흥사 계곡 설법 이야기와
완도 상왕산자락의 이력이
아리랑길 돌멩이들과 동거

아도* 같은 생이런가
잊혀 가는 민낯의 얼굴들이
겹겹이 등 내민 부둥키고 안은 돌담
꽃담을 읽는다

주소 없이 떠돌던 돌멩이들의 축제
동일한 유전자가 풍경으로 피고 있다

*송수권 시 아도에서 시어 인용.

크로키*를 읽다

느낌표 물고 오는 아침이다

새해 아침에 날아오는 메시지
발신인의 얼굴이 궁금하다

핸드폰에 배달된 진부가 물음표로 있다

댕기 맨 꽁지머리 소녀가
미소 물고, 복주머니 슬쩍 건네주는
크로키 그림이 앙증스럽다

맑은 감동 햇살로 반짝이는
상큼한 일상들이
누구나 남모르게 살고 있을까

묻어둔 숱한 사연이
꽃향기에 휘어지는 시간

꽁지머리 미소가 쉼표 없이
느낌표와 물음표로 있다

*빠르게 대상을 스케치하는 미술 기법.

제4부

무수한 빛깔의 반조되어

음미의 시간이

홍건하게 번져온다

-「커피 소리를 듣다」 중에서

고인돌, 침묵의 빛

아득한 세월 유추해 보는
보성재* 산자락

바람의 울음터에 돌들이
풀어놓은 세상을 바라본다

역사 속으로 걸어오는
거석의 발자취

한 곳에 모여 살아가는 침묵
바람결에 실려 오는 무언의 언어가
꽃밭이 되는 공간이다

뼛속까지 혈통을 잇고자 하는 고인돌

살아서 남은 표정마다
멀어졌다 사라지듯 어깨 위로 범람하는
침묵의 힘

들추어보는 역사의 언어, 소쇄瀟灑하다

*도곡면 모산리 행정구역으로 나주와 보성을 잇는 고개 이름.

회동에 가면

썰물이 드러낸 개펄
그 언덕에 서면 전설이 읽힌다

모도를 잇는
저 바다의 염원

한국판 모세의 기적, 진도 영등제*
해마다 봄 사리에 축제가 펼쳐진다

뽕할머니의 소금기 절은 눈자위가 시린데

간절하게 손 모으면
여명처럼 길을 내어줄까

모든 바다의 시간이
신비의 바닷길 회동에서부터 열린다

*진도 고군면 회동리 신비의 바닷길 뽕할머니 전설의 기원제.

봄을 심다

갤러리에 내장된 사진을
지긋이 읽어간다

하루라는 텃밭에 고랑을 치며
앞으로 또 앞으로
나가는 사람들을 생각한다

마음의 자투리땅에서 캐낼
감자보다 더 많은
울퉁불퉁 돌부리가 거치적거려도
흙 버무려 땅심 깊이
감자를 심고 있는 시인 부부

햇감자 삶아 주던 어머니가 떠오르고
-해남에서 온 편지*- 시어가 돋아나고
누이의 안부도 궁금해진다

밭을 고랑 치듯
생각을 이랑 치는 봄

스쳐가는 몸 밖에 바람이
맑은 봄으로 말을 걸어온다

*이지엽 시인 시어 인용.

커피 향기를 듣다

머그잔 속에
이국적인 향기가 피어난다

유래 깊은 미각
커피나무 군락지의 향기가
떠다니는 이야기 속의 숲이다

마주하는 커피 향기의 독백
이성보다 감성이 달려 나와
애증의 밀도 혀끝에 멀어질수록 깊다

쓴맛 뒤에
혀꽃이 미각으로 물드는 단풍
무릎 아래 쏟아지는
이국의 언어가 롤라 타는 향기로 있다

무수한 빛깔이 반조되어
음미의 시간이
훙건하게 번지는 커피 향

조우

땅심 깊은
그늘을 거닌다

천사의 섬에서
지상으로 손 내밀어
솟아오른
문전 앞이 예사롭지 않다

명이나물 닮은
주름진 잎사귀 사이
자줏빛으로 밀어 올린
꽃송이

산기슭에 새우란이
다정한 눈길로 있다

재원도 산그늘에
사뿐히 귀 세우고 있는 당신

바라보는 세상의 깊이가
너만 했으면 좋겠다

오류제 농원에서

울타리 타고 올라가는
까마귀머루 바라보다
눈인사하는 문가든* 안내판을 마주친다

흑석산이 건너다 보이는 계곡면 오류제 농원
자연주의를 내세우며
생각을 이끌고 가는 개인 정원이다

라이언의 향수길 지나
딸과 아내 애칭하는 세례명
리디아 광장과 베로니카 꽃길을 걷는다

춘포의 땅으로 호명하는
아버지 아호에
남자의 산책로가 있고
유당의 숲이 싱그럽다

어머니의 길이 손 내밀며
앞으로 이끈다

모정의 무릎 같은 의자에
앉아보거나
속살까지 비집은 가족의 정원

맑은 침묵이 동그라미 안에 깊고 따뜻하다

*해남군 계곡면 오류길 64 정원.

안개는 몇 그램일까

캄캄한 광장으로 옮겨 가는
저 하얀 무리
내 안의 안개는 몇 그램일까

숨 가빠지는 시간
자욱한 안갯속을 빼곡히 운집한
셀 수 없는 거리의 촛불로
사방이 둘러싸인 25시다

슬픈 계급을 표시하는 듯한
검은 리본, 공중에 난무

안개 같은 사람들이 엄숙하게 행진한다
촛불이 들풀처럼 일렁이며 깜빡거린다

만져보거나 껴안아 볼 수 없는 안개
어둠과 빛은
가릴 수 있어도 지울 수는 없는 것
힘에 밀리는 무리들이
스크럼 짜고 구호 외친다

사위어 가는 거리의 촛불
북악의 푸른 기왓장과 광화문 안개는
도대체 몇 그램이나 될까

하루 끝에 서서
찬찬히 내 안 바라보는 중이다

속살까지 물드는 노을

산이 산을 껴안은 능선에 서 있다

하늘과 땅 사이의 숲이
피어나는 꽃자리처럼
노을을 펼치고 있다

속살까지 물들어 오는 동두천
단풍의 소요, 상여 꽃의 노래여도 좋아라

가지 끝에 달려있는 잎새마다
어깨를 맞대고 비비며
서녘을 만지작거리고 있다

극한의 상황을 극복하고
꽃으로 피어나는 숲

한 번쯤은 발꿈치 세워가며
붉은 입술에 젖고 싶은데

건조한 풍경 같은 오후

낮과 밤의 징검다리 놓는 노을
하루를 갈무리하는 시간이다

유랑의 시인을 엿보다

가끔은 새가 되고 싶은
때가 있다
동복천을 끼고 연둔리 숲정이와
마주하는 구암리 마을 동산
죽장에 삿갓 쓰고
오늘도 유랑하는 사람이 있다
차가운 대리석 동상,
돌에 새긴 존영尊影에는
다 해진 짚신에 배낭을 메고
떠돌았을 시인이 꽃피운 언어가 있다
매운 세월 사랑의 붓대로 적벽을 예찬한
수묵화 같은 길손 마주한다
찬란한 슬픔의 산화
별이 되어 유람하는 방랑객과
골몰해지는 동산의 뜨락
이편과 저편이 바라보이는 창원정씨 사랑채가
처마 끝에 둥글게 겹치는
김립의 종명지
방랑 시인이 남긴 언어 꽃에
새살이 돋아 날고 싶다

빈집

채마밭 옥수수나무가
빈집을 지키고 있다

사람이 만들어가는 꽃길
바람 자락이 옥수수밭에
떨어지고 있다

바삭거리는 소리마다
흔들리는 모서리 잡고
휘적휘적 걸어 나오는 얼굴

바람꽃 피는 외떡잎식물 밭에
야위어가는 어머니가 있다

나부끼는 소회

나부끼던 제비 소리 고요하다

처마 밑에 지지베베 꽃피던 제비가
날아가듯 집 등지고 오는 날에
어머니가 마을 회관으로 가시는 것을
뒤늦게 알았다

어둠이 물드는
그때마다 전등을 켰을 발끝에 공허
텅 빈 방이 너무나 멀리 와 있다

쌓이는 어둠
시골 버스 길 만길 잿등에서
뜨거운 가슴 들고 계시던 그날들이
아득하고 춥다

범람하는 고층 아파트의
제비집 같은 거실에 앉아
슬픔이 안쪽에서 발아되는 순간
탁자 위에 접어놓은 핸드폰 매만지다

우두커니 겨울의 나들목 길에
내 안의 달빛

마당귀에 나부끼는 소회로 있다

물의 숲을 걷다

수증기 자욱한 목욕탕은
사람들이 분주하다
비껴가는 눈빛들이
둥근 얼굴과 눈 인사한다
물줄기가 쏟아지는 샤워기에
내 육신이 씻기도록
물 끝 세워 본다
어느 길목에서 접질려진 한숨
손이 닿지 않는
등에도 마음이 간다
생각나는 젖은 이름들
세상을 헤쳐나가는 지친 발목이
흰 거품의 족적을 묻기도 한다
발가락 고랑을 타고 흐르는 일상들이
차거나 뜨겁게 상처가 씻겨나가
꽃으로 피어오르는 은신의 처소
비로소 눈으로 볼 수 없는 것들이
마음으로 보이는 듯하다

섬 위의 사유

바다 위를 나는 새가 되어
남도의 연륙교를 달리면 알 수 있다

거친 바람에 파도가 내 몸을 파고들 때마다 푸른 물결 품고 육지 향해 양손 내밀어 맞잡은 팔영대교 적금대교 낭도대교 이어가는 바닷길, 숨 가쁘게 달려도 끝나지 않은 수평선 위에 한 몸이 된 다도해 일백 리 연도교가 있다

팔영산 그림자 발끝에 달고
푸른 바닷길 외돌아 오는 날에는
남도의 달을 안고 걷는다

섬마을 누이와 어부, 그 아낙네들의 제단에
당산 집 푯말 바라보며 읊조리는 사유
옛이야기가 오늘은 더 사무치게 다가온다

지팡이가 문경새재를 넘는다

산등성이에 구름이 살고 있다
바람꽃이 골짜기마다 피고 지는
높다란 산줄기의 분수령
솟아오른 산봉우리 골짜기 짚어
선현들이 길을 만든지 수 천년이다
굽이치는 등선 낙동강의 첫 물줄기가
척박하여도 넘어야 했던 고갯길은
사람 떠난 자리에 텃새가 살고 있다
문경새재 비껴가는 구름 아래
맑은 물 품고 가는 문설주 넘어
교귀청 뜰 아래 버들치 갈겨니가 떼 지어 놀고
조산과 무주암 능선에는 층층나무
야광나무가 바람의 빛깔에 꽃잎 날린다
수묵화 같은 옛길을 유추하며
또박또박 고갯길 손잡고 가는
길섶에는 그리움의 감정이 데워진다
아득히 등 굽은 문경새재
새들도 날다가 쉬어가는 고갯길
아 아 아버지의 아버지가 밟고 넘는
발자국 소리에 지팡이가 넘는다

흩어지는 마음의 씨앗 바랑 속에 쓸어 담은
굽이굽이 등 굽은 새재를 읽는다
범접할 수 없는 옛길의 경전이다

고원의 팔레트

수신자 없는 바람이
숲을 만들더니 그늘로 변했다
무릎 아래 과거가 쌓여 있는 곳

뜰 앞 돌담 서편에는
던져버리고 싶은 슬픔이
가끔씩, 반짝이며 살고
마당 언저리 따라 피어 있는 초롱꽃이
여인의 발끝에 머문다

빈집에 남기고 간 안부가
견고한 돌담 사이에 머물고
물젖은 초롱 빛 눈빛에 앉아
내 안에 데워지는 팔레트 같은 고원의 정원

늙어 가는 고향 집의 봄에는
늘 어제 같은 내일이 살고 있는지
바람 자락에 글썽이는 이름
물빛 엽서 띄워 보낸다

역사성과 서정성, 성찰과 존재의 시적 형상화

- 미래 서정시의 한 흐름, 양동률의 작품을 중심으로

이 지 엽
(시인·경기대학교 국어국문학과 명예교수)

1. 들어가면서- 새로움에 대한 탐색

느낌과 감성의 특별한 결합으로 이루어지는 산물이 詩라면 탁월한 언어 선택이 무엇보다도 중요하다. 이번 시집에서는 시인만의 상상과 사색을 통한 시어 자체에 진정성을 내재하고 있어 통합적 미의식이 기대된다. 탁월한 독자성이 돋보이는 시를 통해 시인의 자취를 따라가 보고자 한다. 시인은 시적 대상의 끊임없는 반추를 통하여 자신이 의도하는 바를 하나씩 실현시켜 나간다. 대개 자신이 추구하는 바는 본인의 성장 과정이나 소속된 일터, 일상의 관심 혹은 인식의 범주에 따라 다양하게 나타날 수 있다. 과연 어떠한 것을 쓰면서 어떻게 표현하는 것이 좋은 시의 척도가 될 것인가.

한 시인의 작품론을 쓰면서 이런 생각을 하게 되는 것은 요즘에 접어들면서 시인의 시작詩作이 하루가 다르게

일신우일신日新又日新하고 있기 때문이다. 사실 오늘날 자신의 범주에 쉽게 매몰되거나 혹은 너무 동떨어져 상상의 공간에서 자신도 모르는 언어의 집을 짓고 있는 시인들이 너무 많다.

하지만 양동륜 시인은 새로움에 대한 탐색을 부정하지 않으면서도 자신의 길을 오롯이 지켜나가고 있다. "세월이 범람하는 저 돌무지에/ 사라지지 않는/ 시대적 안부, 꼿꼿하게 서 있"는 「돌의 힘」에서 뼛속까지 올곧은 역사의 거석문화를 읽기도 하고, 「수신하는 해조음」에서 "조금潮今과 사리의 시차 사이/ 깃을 세우는 갈매기처럼 계선주에 메어 놓은/ 나루터의 꿈"을 통해 "해변에서 육화되는 바다의 언어"를 만나기도 한다. "채마밭 옥수수나무가/ 빈집을 지키고 있다"에도 "바삭거리는 소리마다/ 흔들리는 모서리 잡고/ 휘적휘적 걸어 나오는" 「빈집」에서 어머니의 존재를 읽어내기도 한다. 여기서는 양동륜 시인이 추구하고 있는 시학의 의미를 조명한 뒤 그가 추구하는 문학적 지향점을 살펴보고자 한다.

2. 고결하면서도 미래까지를 내포하는 역사성의 시학

시인의 작품에서 가장 두드러지게 나타나는 시적 특징은 역사에 대한 인식이 탄탄하게 자리 잡고 있다는 점이다. 진도가 갖고 있는 유배문화권적인 부분을 생각하면 쉽게 수긍이 가는 이야기지만 대부분이 역사주의를 표방

하는 시편들에서 발견되는 상투성에서는 말끔히 벗어나고 있다.

바람의 옛길 진도에는
삼별초군이 지나간 창포길이 있다
별빛에 길을 물어
만길晩吉 고갯길을 넘다가
포강에 박꽃처럼 떨구어진 꽃잎의 흉터
엄혹한 격랑의 역사에
절의를 지킨 연모의 꿈자리로 남았는가
천 년 동안 그대로인 궁녀둠벙
어떤 외세에도 끄떡없다
꺾인 물살이 멈춘 궁녀둠벙에
전설 같은 바위를 돌아 나오며
삼별초군의 발자취를 읽는다
나비 옷 입고 몸을 던진 애환
굽이치는 물줄기 따라, 아린 꽃자리에
사계절 유영하는 고결한 향기
세월이 늙어서 더 빛나는 슬픔이
조용하게 관류하고 있다

-「궁녀둠벙」 전문

시인의 고향인 진도에는 삼별초의 유적이 많이 남아있는 곳이다. 그 중에 하나인 「삼별초 궁녀둠벙」에 관해 시인은 조곤조곤 들려준다. 서둘지 않고 옆 사람에게 읊조리듯 들려준다. 감정의 과잉이 전혀 보이지 않는다. 삼별초 궁녀둠벙은 시인의 고향인 의신면 돈지리에 있는 둠벙인데 여몽 연합군이 삼별초를 정벌하기 위해 진도에 들어왔을 때 승화후承化侯 왕온王溫은 의신면 침계리에 있는 '왕무덤재'에서 붙잡혀 '논수골'에서 죽임을 당하였다. 전투 중에 피난을 하던 여기女妓 · 급창及唱 등 궁녀들은 창포리에서 만길리로 넘어가는 고개인 '만길재'를 넘다가, 몽골군에게 붙잡혀 몸을 더럽히느니 차라리 죽는 것이 낫다면서 언덕을 따라 내려가 둠벙에 몸을 던져 목숨을 끊었다. 시인은 이를 "별빛에 길을 물어/ 만길晩吉 고갯길을 넘다가/ 포강에 박꽃처럼 떨구어진 꽃잎의 흉터"로 형상화한다.

진도대교에 진입하면
이순신 장군의 동상이 우뚝 서 있다

거친 물줄기가
끊임없이 솟구치고 휘몰아치는 곳에
금방이라도 들려올 것 같은

지축 울리는 북소리와
우렁찬 호령소리가 들리는 듯하고

두려움 앞에서도 뜻과 힘을 모으면
이루지 못할 것이 없다던
장군의 결기가 보인다

섬과 섬의 고도孤島에
혁혁한 승전의 기쁨이 있는
명량대첩의 찬란한 역사

계량할 수 없는 아픔과 울음이
커다란 물살이 되어 진도를 휘감고 있다

-「울돌목」 전문

시인의 고향 나들목에 울돌목이 있고, 여기에는 명량대첩으로 널리 알려진 이순신 장군의 동상이 서있다. 시인은 이 역사적 장소를 형상화하면서 실 감정의 표현을 삽입한다. "거친 물줄기가/ 끊임없이 솟구치고 휘몰아치는 곳에/금방이라도 들려올 것 같은// 지축 울리는 북소리와 우렁찬 호령소리"는 시대의 공간을 뛰어넘는 현장감이 있다. 대개 역사성이 가지고 있는 한계를 시원하게 돌파하고 있는 점이 주목된다.

알몸으로 살아가는 생이다

관청바위 능선을 따라 즐비한 돌

뼛속까지 올곧은 역사처럼
거석문화가 견고하다

구름도 비켜선 자리에
살아서 남은 표정들은 말이 없다

시간은 미래에서 온 듯
몸이 자꾸 들썩이는데

세월이 범람하는 저 돌무지에
사라지지 않는
시대적 안부, 꼿꼿하게 서 있다

-「돌의 힘」 전문

화순 고인돌군을 보면서 시인은 「돌에 힘」에 대해 생각한다. "알몸으로 살아가는 생이다"라는 진술적 표현이 주목을 끈다. 왜 알몸인가에 대한 답은 "뼛속까지 올곧은 역사처럼/ 거석문화가 견고하다"라는 대목에서 확인된다. 말하자면 알몸으로 시대를 증언하고 진리처럼 표표히 우리 민족의 삶과 함께 해온 구체적 상징물이라는 것이다. 겉만이 아니라 "뼛속까지 올곧은 역사"의 존재이며 견고한 거석문화라는 것이다. 우리의 거석기념물은 선돌 · 고인돌 · 돌널무덤 · 돌무지무덤 · 환상석렬 등이 있다. 선돌은 사람과 관련 있는 것으로, 한 가족이나 씨족의 인물을 상징하기도 했고 고인돌은 하나의 뚜껑돌蓋石을 2개 또는 여러 개의 받침돌支石로 괴는데 묘소와 제단의 기능을 가지고 있었다. 시인은 이 견고한 거석문화를 통해 사람이든 장소이든 시간이 흐르고 흘러도 "사라지지 않는/ 시대적 안부"를 물으며 "꼿꼿하게 서 있"는 돌무지에 대한 경의와 찬사를 보내고 있다. 여기서 우리는 "시간은 미래에서 온 듯/ 몸이 자꾸 들썩"인다는 표현에 대해 주목할 필요가 있다고 판단된다. 수천 년이 지난 장구한 세월을 지나 앞으로 미래 수천 년의 세월을 시인은 오늘의 시간으로 클로즈업하고 있는 것이다. 시간에 대한 인식이 놀랍지 않은가. 시인의 생각하는 역사성 안에는 과거 현재 미래가 다 들어 있다. 단지 세기말적이고 행위적인 미래파가 아닌 새로운 미래서정시의 시간 흐름이고 역사인식이라는 점에서 매우 중요한 시사점을 제시하고 있다고 판단된다.

3. 순정하면서도 미래 확장적인 서정성의 시학

양동률 시인의 고결하면서도 미래까지를 내포하는 역사성의 시학 이라면 서정성은 순정하면서도 미래 확장적인 서정성의 시학이라는 점에서 주목된다.

> 아득한
> 혼잣말이 세월을 넘나드는
> 도심 속 채석강을 걷는다
>
> 계림동 헌책방 거리의 간판들이
> 서로 비좁도록 기대고 서 있다
>
> 발걸음 뜸한 서점에 들어서면
> 촘촘하고 즐비하게 꽂힌
> 책들 사이 통로가 주상절리 같다

가만히 책을 들고 뒤적여보면
행간의 밑줄이 따스한 온기로 남아있다
오래전 손때 묻은 내용들이
탈색된 침묵을 감싸고 있다

빠듯한 공간에서 퇴적층을 헤치고
들려오는 심장박동 소리가
과거의 시간을 꺼내 놓는 듯하다

책은 책으로 포개지고 잇닿아 있지만
독백의 내용은 의미가 너무 크다

홀로 깊어지는 서해바다 고군산열도에서
갯바위 포말 속으로
흩어지는 환영이 켜켜이 쌓이고 있다

-「책탑」 전문

시인은 계림동 헌책방을 채석강과 일치시킨다. 채석강은 경치가 아름다울 뿐 아니라 바위의 기묘한 형상 때문에 기념물로 지정되어 보호받고 있다. 바닷물의 침식을 받은 화산성 퇴적암층은 사암과 이암의 교대층, 셰일, 화산회로 이루어진 이암의 층서를 나타낸다. 단층斷層과 습곡褶曲이 유난히 발달된 기암절벽이 십자동굴을 비롯하여 곳곳에 해식동굴海蝕洞窟을 형성하고 있는데 시인은 "촘촘하고 즐비하게 꽂힌/ 책들 사이 통로가 주상절리 같음"을 얘기한다. 헌책방의 구석구석을 살피며 "가만히 책을 들고 뒤적"이는 시선은 따뜻하다. "행간의 밑줄이 따스한 온기로 남아" "탈색된 침묵을 감싸고 있기" 때문이다. "퇴적층을 헤치고/. 들려오는 심장박동 소리"는 책 속이기도 하고, 켜켜이 쌓인 단층이기도 하다. 단순은유를 넘어서 확장은유를 구사함으로써 미래서정시의 바람직한 모범을 보여주고 있다.

골목의 저물녘
거위가 날개를 퍼덕이는 잔디 위에
골프공이 포물선을 그어가듯
식탁 위로 날아오르는
저 거위 같은 노각

-「거위 같은 노각」

나뭇가지에 앉은 새소리를 따라가다가
암반이 만들어 놓은 물줄기에
온통 마음을 빼앗긴다

빠져나갔다 다시 모이는
대숲에 바람이 불고
사운 대는 댓잎의 장단에 맞춰
時視詩 시를 읊는다

-「소쇄원을 읽다」

생각은 주머니 속에 호두알처럼
서로 간의 거리를 확보한다

-「수상한 언텍트」

설화지雪花紙 같은 수평선 위에
해류의 손끝이 머문 지문으로
찰랑이는 파도 이랑,
푸른 당신을 각주 한다

-「푸른 당신을 각주 하다」

시적대상에 대한 시인의 시적 묘사를 여실히 알 수 있는 몇 편의 작품을 인용해본다.「거위 같은 노각」은 노각을 거위에 비유했다. 구상은 추상으로, 추상은 구상으로 비유하는 것이 더 선명하게 살아나는 법인데 구상을 구상으로 비유한 것이다. 노각은 늙은 조선오이 열매이다. 충분히 익어 진노란색 겉껍질에 그물 모양이 고르게 나타나며, 풋오이보다 껍질이 거칠고 조직에 수분이 적어 단단하다. 그러나 단맛이 있어 생채로 무쳐 먹거나 장아찌, 김치를 담가 먹는다. 시인은 노각을 보자 "갖가지 양념 버무려/ 군침 넘쳐날 듯한 새콤한 식욕이" 돋아나 노각을 거위가 날개를 퍼덕이며 골프공처럼 날다가 식탁 위로 날아오르는 것으로 비유한다. 얼마나 생동감 있는 표현인가. 노각과 거위는 거리가 멀다. 이처럼 구체적인 것이 구체적인 것으로 비유될 때는 거리가 멀어야 표현이 참신하게 잘 살아난다.「소쇄원을 읽다」에서 사운 대는 댓잎의 바람소리를 "時視詩 시를 읊는"것으로 그려낸 부분에서는 청각적 심상이 빛을 발한다.「수상한 언텍트」

에서 사람의 생각을 서로 간의 거리를 확보하는 "주머니 속에 호두알"로 비유한 것도 묘미가 있다. 「푸른 당신을 각주 하다」에서 "설화지雪花紙"와 "수평선"의 관계, "해류의 손끝이 머문 지문"과 "찰랑이는 파도 이랑"의 관계도 예사롭지 않다. 이 작품들은 모두 미래서정시의 시적 묘사를 보여주고 있다는 점에서 특히 주목할 필요가 있다고 본다. 서정시이되 과거의 고답적인 서정시와는 확연히 다른 새로운 서정을 보여주고 있는 것이다.

4. 성찰과 존재성과 카이로스 지향의 미래 시학

우리는 양동률 시인의 역사성이 과거 현재 미래를 내포한, 다시 말해 미래 확장적인 시간관을 앞서 살폈다. 이 점은 성찰과 존재에 대한 남다른 인식을 전제하고 있는 점에서 보다 더 세밀한 접근이 필요하다.

끝도 소실점도 없는 당신

산과 온 들판의 가슴에
알록달록한 무늬 새기고
휘파람 불며 잘도 간다

빛과 어둠 속에 익어가는
크로노스 시간이
붉은 대추 알 같이 익어 가고

운세만큼 어긋난 길에서도
카이로스 시간은
생의 맥박을 뛰게 한다

존재의 자각을 깨우며
눈부시게 살아내는 힘이
연연하게 초침과 함께 흐른다

-「시간이라는 당신」 전문

끝없는 창공
접었다가 펼쳐가는 날개가
곡선을 만든다

보이지 않는 가상공간의 당신은
맨발로 넘나드는 흰나비 떼

마법 같은 밀실의 집에
눈부신 시간마다
다채롭게 감정이 오고 간다

아무 흠도 없는 작은 별들이
싱싱하게 자라나는 내 안의 언어

계절을 넘나드는 당신은
보이지 않는 우화의 집이다

-「나비의 방」

그리스인들은 두 가지 시간 개념을 갖고 있었다. 그것은 크로노스Chronos의 시간과 카이로스Kairos의 시간이다. 크로노스의 시간은 우리가 흔히 알고 있는 물리적 시간으로 객관적 · 정량적 시간이다. "빛과 어둠 속에 익어가는/ 붉은 대추 알 같이 익어가는"은 볼 수 있고 계량적인 시간이다. 반면, 카이로스의 시간은 질적인 시간으로 주관적 · 정성적 시간이다. "운세만큼 어긋난 길에서도/ 생의 맥박을 뛰게 한다는" 다분히 각도에 따라 다르게 보이는 정성적 시간이다. 인간에게 시간은 사람에 따라 다소 길거나 짧을 수 있지만 모두 공평하게 주어져 있다. 하지만 그것을 어떻게 쓰냐에 따라서 그것은 크로노스의 시간일 수도 있고, 카이로스의 시간일 수도 있다. 크로노스의 시간보다 카이로스의 시간을 사는 사람은 보다 질적으로 행복하고 충만한 삶을 살 수 있다고 판단된다. 우리가 인생을 의미있게 산다는 것은 인간에게 물리적으로 주어진 크로노스의 시간을 질적인 카이로스의 시간으로 바꿀 줄 안다는 것이기 때문이다. 그 능력이 한 사람의 운명과 인생의 성패를 결정한다고 해도 과언이 아니다. 언제 어디서나 '지금 이 순간'의 가치를 찾아내지 못하는 사람은 카이로스의 시간을 즐길 수 없다. 카이로스의 시간은 우리 삶에 새로운 가치와 의미를 부여한다. 현재를 사는 사람은 카이로스의 시간을 사는 사람이다. 현재는 과거를 비추고 미래를 준비한다. 그럼에도 우리는 과거의 회한과 미래의 불안 때문에 과거를 후회하고, 미래를 두려워하느라 현재를 제대로 살지 못한다. 과거와 미래는 우리가 가질 수 없는 것이기에 통제할 수 없다. 통제할 수 없는 것을 통제하려고 하기 때문에 불행한 것이다. 우리가 통제할 수 있는 시간은 현재뿐이다. 크로노스의 시간은 과거가 미래를 잡아먹는 시간이다. 아버지를 죽이고 왕이 된 크로노스는 미래에 자식이 자신을 죽이고 왕이 될까 봐 자식을 잡아먹는다. 그 결과 그는 현재를 제대로 살 수 없다. 자신의 의지와는 상관없이 무자비하게 흘러가는 시간은 과거로부터 흘러와서 현재를 삼키고, 또 미래도 집어삼켜 모든 것을 과거로 만들어 버린다. 우리가 공허하고 무의미한 삶을 사는 이유는 어제의 기억과 내일의 준비에 갇혀 오늘을 잃어버리고 말았기 때문이다. 오늘날 우리들은 크로노스의 시간을 살면서 시간의 노예로 전락해 버리고 말았다. 후회로 인해 과거에 얽매이고, 두려움으로 미래에 사로잡혀 살다가 결국 자신도 크로노스의 희생물이 된다.

기회는 과거도 아니고 미래도 아닌 현재에 있다. 시간은 과거에서 미래로 흐르는 것이 아니다. 시간은 영원히 현재에 머물러 있다. "존재의 자각을 깨우며/ 눈부시게 살아내는 힘이/ 연연하게 초침과 함께 흐르는" 현재는 중요하다. 동시에 "아무 흠도 없는 작은 별들이/ 성성하게 자라나는 내 안의 언어"로 전환시킬 모티프의 언어도 중요하다. "마법 같은 밀실의 집에/ 눈부신 시간마다/ 다채롭게 감정이 오고 간다" 「나비의 방」에서 시간의 눈부심이 나비를 날개였다고 설파한다. 폭넓게 육화된 언어는 읽는 순간 나비로 환생하여 계절을 넘나든다. 모든 것의 선험적 바탕은 사랑이고 사랑이 우리를 살리는 것이다.

물끄러미 천정을 바라본다
한가위 이른 아침

아무 흠도 없는 작은 별들이
성성하게 자라는 시간이다

동네 한 바퀴를 돌아오다
앞산의 그네와 강강술래 소리가
문밖 멀리 풍경처럼 서 있다

어머니와 빚는 송편이
가마솥 솔잎 위에서 익어가고
마루에서는 아버지의 기침 소리

늘 윤기 나던 복된 한가위였다

나만의 그리움을 가만히 꺼내서
이른 아침 홀로 쳐다보다가
인기척이 들리는 창문을 열어보는 순간

문밖에서 누군가 내 안의 문을 두드린다

형체 없이 사라지는 형상들

한가위 아침에 부재중인 안부를 묻는다
-「누군가 내 안의 문을 두드린다」 전문

시집의 표제작인「누군가 내 안의 문을 두드린다」 역시 성찰과 존재의 시학적 자세를 보여주고 있는 작품이다. 시인은 "윤기 나던 복된 한가위"에 대한 기억을 가지고 있다. "앞산의 그네와 강강술래" 아버지의 기침소리, "가마솥 솔잎 위에서 익어가"는 송편의 내음 등 시각과 청각과 후각을 통해 그 기억은 시인의 영원한 고향, 밑그림을 그리고 있다. 그러나 그것은 과거의 일. 지금은"형체 없이 사라지는 형상들"이다. 그러나 사라졌다고 존재하지 않는 것은 아니다. 시인은 과거의 그것을 꺼내 한가위 "이른 아침 홀로 쳐다"본다. "문밖에서 누군가 내 안의 문을 두드린다". 나는 안녕한가, 나의 존재는 부재중인가, 나는 어디에 있는가, 기억의 통로 출구에서 시인은 자아에 대한 성찰적 질문을 하고 있는 것이다.

캄캄한 광장으로 옮겨 가는
저 하얀 무리
내 안의 안개는 몇 그램일까

숨 가빠지는 시간
자욱한 안갯속을 빼곡히 운집한
셀 수 없는 거리의 촛불로
사방이 둘러싸인 25시다

슬픈 계급을 표시하는 듯한
검은 리본, 공중에 난무

안개 같은 사람들이 엄숙하게 행진한다
촛불이 들풀처럼 일렁이며 깜빡거린다

만져보거나 껴안아 볼 수 없는 안개
어둠과 빛은
가릴 수 있어도 지울 수는 없는 것
힘에 밀리는 무리들이
스크럼 짜고 구호 외친다

사위어 가는 거리의 촛불
북악의 푸른 기왓장과 광화문 안개는
도대체 몇 그램이나 될까

하루 끝에 서서
찬찬히 내 안 바라보는 중이다

-「안개는 몇 그램일까」 전문

"힘에 밀리는 무리들이/ 스크럼 짜고 구호를 외"치고 "슬픈 계급을 표시하는 듯한/ 검은 리본, 공중에 난무"하는 공간에서 시인은 "내 안의 안개" 그 존재에 대해 생각한다. 자아는 "만져보거나 껴안아 볼 수 없는 안개"에 지나지 않는 것일까. 까무룩하게 없어지거나 사라질 존재에 대해 번민의 아픈 성찰을 하고 있는 자아의 모습이 선연하게 다가온다. 「나부끼는 소회」에서는 "범람하는 고층 아파트의/ 제비집 같은 거실에 앉아/ 슬픔이 안쪽에서 발아되는 순간/ 탁자에 접어놓은 핸드폰 매만지다/ 우두커니 겨울의 나들목 길에/ 내 안의 달빛"에서 무성하게 숨쉬고 있는 자아를 발견하기도 하고 「물의 숲을 걷다」에서는 "차거나 뜨겁게 상처가 씻겨나가/ 꽃으로 피어오르는 은신의 처소/ 비로소 눈으로 볼 수 없는 것들이/ 마음으로" 다가오는 것에서 발견하기도 하고 "세상을 헤쳐나가는 지친 발목이/ 흰 거품에 족적을 묻기도 한다"와 "생각나는 젖은 이름들"에서 찾아내기도 한다.

5. 장단호흡의 조절과 유연함의 미래서정시학

양동률 시인은 하나의 작품을 직조하는 데에도 어조에 대해 상당한 신경을 쓰고 있다. 아마 시낭송을 하기 때문이 아닌가 생각되기도 하지만 우리말이 가지는 호흡의 장단완급을 조절하고 자연스러운 가락의 흐름을 유도하기 위해 적지않는 노력을 하고 있음이 주목된다.

1. 산등성이에 구름이 살고 있다(3)
2. 바람꽃이 골짜기마다 피고 지는(3)
3. 무성한 산줄기의 분수령(3)
4. 솟아오른 산봉우리 골짜기 짚어(3)
5. 선현들이 길을 만든 지 수 천년이다(4)
6. 굽이치는 등선 낙동강의 첫 물줄기가(4)

7. 척박하여도 넘어야 했던 고갯길은(3)
8 사람 떠난 자리에 텃새가 살고 있다(2)

----

9. 문경새재 비껴가는 구름 아래(3)
10. 맑은 물 품고 가는 문설주 넘어(3)
11. 교귀청 뜰아래 버들치 갈겨니가 떼 지어 놀고(5)
12. 조산과 무주암 능선에는 층층나무(4)
13. 야광나무가 바람의 빛깔에 꽃잎 날린다 (3)
14. 수묵화 같은 옛길을 유추하며(3)
15. 또박또박 고갯길 손잡고 가는(3)
16. 길섶에는 그리움의 감정이 데워진다(4)
17. 아득히 등 굽은 문경새재(3)
18. 새들도 날다가 쉬어가는 고갯길(4)

----

19. 아 아 아버지의 아버지가 밟고 넘는(4)
20. 발자국 소리에 지팡이가 넘는다(4)
21. 흩어지는 마음의 씨앗 바랑 속에 쓸어 담은(5)
22. 굽이굽이 등 굽은 새재를 읽는다(4)
23. 범접할 수 없는 옛길의 경전이다(4)
-「지팡이가 문경새재를 넘는다」전문
*번호는 편의를 위해 부여, 괄호 안은 (음보 수)

총 23행으로 짜인 이 작품은 크게 세 단락으로 나뉜다. 첫 단락(1행~8행)은 도입부로 문경새재의 장소적 의의

가 둘째 단락(9행~18행)에서는 문경새재의 맑은 산천경계와 흥겨움, 물고기와 나무들의 군락과 현재적 의미가 전개되고 있으며, 셋째 단락(19행~23행)은 마무리로 세월의 흐름 속에 유구한 문경새재의 모습이 초점을 이루고 있다. 총 23행의 음보수는 다음과 같다.

2음보-8

3음보-1,2,3,4,7,9,10,13,14,15,17

4음보-5,6,12,16,18,19,20,22,23

5음보-11,21

가장 짧은 음보가 8번째 행이고 가장 긴 5음보가 11, 21번째 행이다. 가장 지배적인 음보는 3음보로 11행으로 43.4%를 차지하고 4음보가 9행으로 39.1%를 차지한다. 결과적으로 3음보와 4음보의 비율이 86.9%로 절대적인 비중을 차지하고 있음을 알 수 있다. 이는 한국인이 가장 즐겨 쓰는 음량의 단위라는 점에서 아주 보편적인 호흡을 보여주고 있다고 볼 수 있다. 3음보는 4음보에 비해 덜 안정적이며 빠른 템포로 활동적이다. 5음보는 4음보보다 유장함이 있어 다소 늘어지는 느낌을 준다, 이 3, 4, 5음보를 효과적으로 엇갈려 씀으로써 호흡이 주는 단조로움을 최대한 제어하면서 변화를 유도하고 있는 것이 주목된다. 1행부터 8행까지는 처음은 가볍게 시작하면서 살짝살짝 터치하면서 경쾌함을 유발하고 있고 (3-3-3-3-3-4-3-2-3) 중반부인 9행부터 18행까지의 중반부에서는 버들치, 갈겨니, 층층나무 등의 열거에서는 음보수가 늘어나더니 (3-4-3-4) 단조로움에 다소 빠른 걸음으로 주변 경계를 훑고 나서 완만함으로 변화를 유도한다.(4-4-5-4-3-4) 19행에서 23행까지는 초반의 절정("아아 아버지의 아버지가 밟고 넘던")에 포인트를 두더니 이내 안정적인 호흡을 계속 유지하면서 여운있게 마무리되고 있다.(4-4-4-4) 낭송시로서의 전범으로 삼을 만하다. 여기에서 구태여 시의 형태를 문제 삼아 얘기하는 이유는 양동률 시인이 지향하는 미래서정시가 미래파시인의 난삽하고 산문적인 시쓰기와는 근본적으로 다름을 예증해 보이고 싶었기 때문이다.

6. 나오면서- 미래 서정시의 한 흐름

요컨대 양동률 시인의 작품은 고결하면서도 미래까지를 내포하는 역사성의 시학이며, 순정하면서도 미래 확장적인 서정성의 시학이다. 동시에 성찰과 존재성의 카이로스 지향의 미래 시학이며 장단호흡의 조절과 유연함의 미래서정시학이다. 나는 이번 양동률 시인의『누군가 내 안의 문을 두드린다』는 일군의 작업적 성과를 넘어서는 미래서정시의 중요한 흐름으로 평가하고 싶다. 남도의 양동률 시인이 "뼛속까지 올곧은 역사처럼" "붉은 대추 알" 같은 "생의 맥박"처럼 가열차게 열어가고 있다고 감히 말하고 싶다.

시인 **양 동 률**

• 진도 출생
• 조선대학교 졸업
•《열린시학》으로 등단
• 시 낭송가
• 한국문화예술진흥협회 공모전 수상
• 윤동주 탄생백주년기념 문학상 수상
• 제2회박덕은미술관 전국디카시문학상 대상 수상
• 현대시문학 제8회 커피 문학상 수상
• 현)화순문인협회 회장
• 현)김현승기념사업부이사장
• 현)전남문인협회·광주문인협회 이사
• 현)한국문인협회 회원
• 전)진도문인협회 이사
• 전)열린시학 호남동인회·전남방송com회장
•《열린시학》 기획이사
• 전)광주재능시낭협회 부회장
• 시집 『발 끝에 돋는 나비의 꿈』
『누군가 내안의 문을 두드린다』

• 이메일 : dogok111@daum.net
• 전화 : 010-3632-1718